お母ちゃんからもろた日本一の言葉

Koshino Junko
word by Koshino Ayako

コシノジュンコ
言葉 小篠綾子

イースト・プレス

はじめに

大阪は岸和田の商店街。大胆な「だんじり祭り」で有名なこの地で、戦前から「コシノ洋装店」という店を切り盛りしてきたひとりの女性がいます。

その名は小篠綾子――糸偏の綾子と、「一生を糸に関わる仕事で食べていけるように」という想いを込められて名付けられたその女性こそが、私のお母ちゃんです。

お母ちゃんの人生はだんじりそのもの。

「ソーリャ、ソーリャ」という威勢のいいかけ声とともに、街路を急カーブだろうがなんだろうがだんじり（山車）は全速力で曲がっていく。街全体が興奮の渦に巻き込まれる。遠心力で人は吹っ飛ばされ、建物は壊れ、電柱は曲がる。でも「だんじりやから、しゃあない」と住民もこのときばかりは笑って許してくれます。

お母ちゃんも92歳でその人生を終えるまで、全力疾走で駆け抜けました。全身全霊を傾けて働き、遊ぶ。曲がらないものを無理やり曲げ、ときにまわりの人々を振り回しながら、それでもみんなに愛され慕われて、この世を去っていきました。

この本は、お母ちゃんがことあるごとに口にしていた言葉、日記に記されていた言葉をもとに編んでいます。

お母ちゃんが残した力に満ちた（ときにぶっ飛んだ）言葉は、いまも私を励まし、叱り、そしてときにやさしく包んでくれます。そんなお母ちゃんの言葉を私なりに受けとめ、たくさんの人々に伝えたいと筆をとりました。

激動の人生をめいっぱい生きたひとりの女性の言葉が、あなたの心にもどうか明るい光を灯してくれますように。

コシノジュンコ

contents

第4章 人付き合い 人との関わり方

第1章——仕事

〝働く〟ってなんだ

「ムリ、ムラ、ムダはダメ」

仕事をするときにやってはいけないこと。それをお母ちゃんは「ムリ、ムラ、ムダ」3つの「ム」と言っていました。この言葉は、もともとトヨタの生産方式から生まれたもの。どこかで覚えて、ちゃっかり自分でも取り入れていました。

仕事をしていると、ついつい「ムリ」しがちですが、結局ムリした皺《しわ》寄《よ》せはどこかにきます。ムリをした分、体を壊したり、家族との関係がギクシャクしたり、必ずどこかに悪い影響を及ぼすもの。また、変えられないことをムリして変えようとしたところで、結局は徒労に終わるだけです。「ムリはムダ」ってよう言ってましたね。

2番目の「ムラ」は、信用にかかわること。

ムラがある人というのは、よいときと悪いときの波がある不安定な人のこと。

そんな勝手な相手だと、まわりは安心して仕事を頼むこともできません。客商売で「今日はちょっと憂鬱《ゆううつ》なんで、お店を閉めます」なんて言えませんよね。いつも同じ答えを出すことで相手に安心感を持ってもらう。これが信用につながっていきます。

最後の「ムダ」は、本当ならば誰もがしたくないことかもしれません。でも、そのムダに気づかず、えんえんとしょうもないことに時間を費やしている人というのはけっこういます。

ムダをなくすには、常に先を見ながら、いまやるべきことを判断すること。先とひとくちに言っても、明日か1年先を見据えるかでも違ってくる。短期的なスパン、長期的なスパンで物事を見ながら、優先順位を見極める。この判断ができる人は、仕事ができます。だから仕事は忙しい人に頼めってあってね、忙しい人はすぐやらなきゃいけないことと、その次でいいことの順番が分かるんです。その判断が分かるから、自然に忙しくなっているんですね。
3つの「ム」というのは、死ぬまで仕事をし続けたお母ちゃんならではの実感がこもった言葉。いまでも「ムリ、ムラ、ムダはやっちゃダメ」と言うお母ちゃんの威勢のいい声が聞こえてくるような気がします。

from Koshino Junko

子育てと一緒やな

「一歩外に出ると勉強が
転がっている。拾い廻ろう」

お母ちゃんは、15歳で女学校を中退しています。理由は、洋裁がやりたかったから。一度心を決めたら、猪突猛進《ちょとつもうしん》のお母ちゃん。当時まだ珍しかったミシンに魅せられ、「どうしてもミシン縫い、やりたいんや。学校卒業するの待ってたら間に合わへん」と父親の猛反対を押し切って、パッチ屋の見習いに入りました。

でも、自著に「いま考えたら、卒業してからでも遅くはなかったと思う」と書いているように、学校を途中で辞めたことはお母ちゃんにとってコンプレックスだったんじゃないかな。だから、歳を取って一層勉強熱心になりました。

熱海で経済に関する講習会が2泊3日で開催されると聞くでしょ。すると、わざわざ岸和田から行って、若い人と一緒になって勉強するの。日本全国足を運んで、文字どおり拾い廻っていましたよ。揚げ句は自分でも勉強会を開くほど。

きっとお母ちゃんは、自分に足りないものを挽回しようとしていたんでしょう。それが、結果的にいい出会いや仕事につながっていました。

いくつになっても人間、じーっと家にこもってばかりいないで、外に出て行動することが大事。何気なく歩いているときに、ふっと「あ、これだ」とアイデアやヒントが浮かんだり、思いがけないチャンスに出会ったりすることってありますよね。

私は、朝早く起きたときはジムに行くことにしています。

ひとりで黙々と体を動かしていると、すーっと頭が冷静になって、考えがひとつにまとまります。汗と一緒に、昨日までの古い考えなんかが抜けていくっていうのかな。ほんのちょっとでも体を動かすと、「新しい1日が始まったなあ」という切り替えができる。

「運動」って「運が動く」と書くけど、まさにそのとおり。

ただ、ジムに行ってもガッと走ったりするわけじゃないから、痩せたりはしません（笑）。でも、日常のなかに非日常のひとコマがポーンと入ることによって、いい気分転換になりますよ。

from Koshino Junko

運動して、がしがし運を動かす

「向こう岸
見ているだけでは
渡れない」

向こう岸というのは、憧れているもののこと。自分が行きたい国や会いたい人、やりたい仕事のことです。

向こう岸を「ええな、キレイやな」といくら眺めていても、向こうから船がやってくることはありません。たとえばテレビを見て、こんなの食べたいと思う。テレビに出ているものなんて、はるか遠い向こう岸ですよね。自分には一生、縁のない世界かもしれない。でも食べたいと、向こう岸に行きたいと思う。ならば、それを渡るために、知恵と工夫と努力を重ね、準備をしておく。そしていざというときに、チャンスをつかまえる度胸が必要。お母ちゃんは、「まずは渡る算段をすることが必要や」といつも言ってましたね。

1964年、東京オリンピックが開催された年に、私は念願叶って初めてパリに行きました。

東京オリンピックの開催日が近づき、日本には世界中から観光客がやってきました。ただ、日本に向かう飛行機は満員でも、それぞれの国に帰る便はガラガラ。そこで、旅行会社がヨーロッパ行きのツアーを安く企画したのです。

昔からパリに行きたかった私は、この話に飛びつきました。あとからお母ちゃんと姉も私の計画に乗ってきて、最終的には3人での珍道中になりましたが……。

向こう岸というのは、人生におけるビジョンみたいなもの。ビジョンを持ったら、ささいなことでもいいから行動を起こす。そうして努力していれば、やがて向こう岸に渡るときが自然にやってきます。

パリに行けたのも、ルートを研究して、お金を貯めて、自分でできる範囲のことは前もって準備していたから。だから、「航空券が余ってます」と聞いたときに、「行く！」と即決できたのです。

まずは、向こう岸には「何があるんだろう」と好奇心を持つこと。そして、「いつか渡ってみたい」と求め続けること。それが、向こう岸を渡る方法なのです。

from Koshino Junko

「いつまでも決めなきゃ、
ずっと未完成。
期限来たら、その日に完成」

「決めないと未完成」ってことは裏を返せば、決めちゃえば完成するってこと。

だから、完成するのってじつは簡単なことなんですね。

大切なのは、そこで終わりにしていいかどうかという判断。

「完成」には、2種類あると思うんです。感性がともなったすばらしく美意識の高い「完成」と、いいかどうかわからないけれどとりあえずできちゃったという「完成」。このふたつはまったくレベルが違います。

レベルの高い「完成」を目指して、悩んだり試行錯誤を繰り返したりして、時間をかけることは悪くないと思うんです。

ただ、時間をかければいいってもんじゃないことも確か。

お料理で言うと、切って終わりというお刺身も立派な一品。逆に、時間をかけてじっくり煮込んだシチューも贅沢な一品です。どっちが正しいということではなくて、その場その場の状況によると思います。

たとえば、寒い日にはお刺身よりも煮込んだシチューのほうが喜ばれる。つまり、そのときの状況にもっともふさわしいものが、完成度が高いものと言えるんじゃないでしょうか。

果物はちょっと早く食べると青臭くて全然おいしくないし、ちょっと油断していると熟れすぎて捨てなくちゃいけない。「食べどき」ってありますよね。それと一緒で、タイミングが悪いと、いくらいいものでも「なにこれ?」「なんでこんなのつくったの?」となってしまう。

洋服だって、シーズンもあれば、流行もある。晴れ着を頼まれて、パーティーの日に間に合わなくては、意味がない。お母ちゃんはタイミングが大事だってことを肌身でわかっていたんだと思います。

タイミングよく、その場にふさわしいものを提供できる。状況判断できるってことが本当に「センスがいい」ということなんです。

from Koshino Junko

「独断と偏見、事が早く済み。
相談してたら、前へ進まず」

このお母ちゃんの言葉には、私も同感。

放っておいたらいつまで経っても決まらないことってあるでしょ？　こっちもあるし、あっちもある。「どれも良いね」「どうする？」なんてみんなで相談していても何ひとつ決まらないとき。

そこへ、誰かがポーンと「この線で行ってみましょ」と言うと、みんな「そうだそうだ」となって、さっさと行動に移せる。「独断と偏見」って、じつはリーダーシップのことを言っているんですね。

私もまず見切り発車って言うのかな、「AかBかどっちにしようかな」というとき、結果がどうなるかわからなくても、とりあえずピンときたほうを試してみる。Aがダメだったら途中でやめればいい。「AかBか」とだらだら悩んでいる時間がいちばんもったいない。さっさと試して「Aじゃなくて、Bだったんだ」とわかるだけ、ずっと近道。物事は「えいっ」と決めていくものです。

女の人って、良し悪しとか理屈じゃなくて、好きか嫌いかで決めることが多い。こういう判断の仕方って、男の人にはなかなかできないことかもしれない。「好き」という字も「嫌い」という字も女偏。女の人は「好き嫌い」がハッキリしているから、判断が早い。

たとえば、どこかに食事に行ってメニュー見て、「あれも食べたいしこれも食べたい」って言ってたら、キリがない。でも「私、お肉嫌い」となれば、「お魚にするわ」って簡単に決まる。だから、嫌いを起点に決めたっていいんです。ちなみに、お母ちゃんは「お肉がいいですか？　お魚がいいですか？」と聞かれると、いつでも迷わず「お肉」。しかもロースとか脂身が多いのが好きでした。

直観でさっと決めるのが得意なのは女の人でしょう。ふつう、女性はシンデレラ姫のようにかわいくて夢見がちのように言われるけれど、実際は男と女のマインドは逆だと思う。

理想論を言うのは決まって男の人。女の人のほうがずっと現実的。だから、とっさの判断が必要な現場には女の人のほうが向いていると思います。

from Koshino Junko

悩んでる時間がムダ～

「忙しいから稽古事が
出来ないというのは
自分へのごまかし」

お母ちゃんは日本舞踊や新内《しんない》（「新内節」の略。浄瑠璃《じょうるり》の一流派）といった伝統的なお稽古事から、ボイストレーニングに各種セミナーや勉強会まで、いろんなところへ精力的に通っていました。

よく「忙しいから行かれへんわ」と言って、多忙を理由にお稽古事を辞める人がいますよね。でも、お母ちゃんはそんな言い訳が大っ嫌い。

お稽古事って仕事じゃないから、余計なこと。けれど、積もり積もれば、立派な肥やしになるんです。それを「忙しい」のひと言で遠ざけてしまう。

物理的に本当に忙しいかどうかは別として、「忙しい」が口グセの人は、心に余裕がない人。ほんの隙間の時間でできちゃうことを「忙しい」という思いで自ら塞いでしまっている。仕事でも同じだけど、時間って自分で工夫したらいくらでもつくれるもの。私も「忙しいからこそやる」性質《タチ》です。

今日も朝から、ジムで汗をかいてきました。明日は朝からパリに行くので、その準備もあるし、出発前に済ませておかなければいけない仕事もたくさんある。でも、だからこそ「今のうち」に行っておこうと思ったんです。

ジムに行くと、勢いがついて、その後の予定もなんなくこなせる。あれもこれもしなきゃいけないから「辞める」んじゃなくて、勢いをつけるために行くの。

パーティーや会合の誘いが同じ日の同じ時間にふたつ重なっていたとしても、私は絶対に断りません。どっちを「ごめんなさい」するのも、そんなの相手に失礼じゃない？　それに、重なってるからおもしろいって思うの。

そんなときは、どっちを先に行くか考えればいいだけ。Aの会は最初の挨拶が肝心で、途中退出も大丈夫だから、先に行く。Ｂの会は長引きそうだから、「ちょっと遅れる」と伝えて、後ろにまわす。順番を上手に決めれば、どちらにも顔を出せます。要は、時間の使い方の問題。

要領よく時間をやりくりすれば、忙しくってもぜんぶこなせるんです。後から「行っておけばよかったかな」って後悔するのがイヤだから、私はぜんぶ行く。結局は、自分にやる気があるかどうか。自分との戦いなんだと思いますよ。

from Koshino Junko
忙しいからこそやる！

「嘘をついたらあかん。
口で言う嘘はもちろん、
商品に対しても
絶対嘘をついたらあかん」

お母ちゃんは商売上手な人でしたが、決してお客様に心にもないお世辞を言ったりはしませんでした。

たとえば、お店にやってきたお客様が「これ、ええなあ」と手に取った服が、その人に似合わないと判断すれば「あなたは色が黒いから、これはやめたほうがええよ」とキッパリ。

「売らんかな」で、なんでもかんでも「お似合いですよ」と勧めていたら、いずれお客様に信用されなくなる。正直に言ったほうが信頼してもらえて長く付き合える、というのが持論でした。

私の場合、お母ちゃんのように「似合う／似合わない」を率直に言うというより、お医者さんの感覚に近いかもしれない。問診で、「あなたはここが悪いでしょう」とズバッと言い当てるみたいな。

お客様を見て、まずは「この人に本当に似合う服はなんだろう」と考える。「好きな色は何色ですか？」とか「どんな服をよく着ますか？」なんて、ごちゃごちゃと質問しない。ちょっとしたヒント、たとえば「この人、社長さんよ」というひと言だけで、着ていく背景がパーッと頭に浮かびます。

社長さんなら、人前に立つことが多いから、きっと平凡なものには見向きもしない。でも、歌手やモデルじゃないから派手すぎるのもNG。個性的で女らしく、なおかつきちっとしているもの。そこで1枚のジャケットを手に取って「こんなのはどうでしょう？」と勧める。すると、「そうそう、こういうのが必要だったのよ」「どうしてわかったの！」なんて答えが返ってきます。

相手の立場によって、必要な顔というのがあるでしょう？　それをパッと見つけてあげるのが私の役目。

相手が本当にほしいものを読み取ってアドバイスする。洋服に限らず、どんなモノやサービスを売るにしても、必要とされる能力なんじゃないかしら。

from Koshino Junko

「好き心がはじまり」

子どもの頃に好きだったものって大人になってからもずっと好きだったりしませんか？　私もお母ちゃんと同じで、「好きなものからすべてがはじまる」と思っています。

お母ちゃんは幼い頃、「あんなふうにダーッと縫えたら気持ちええやろな」とミシンに憧れ、ついには一生の仕事にしました。好きなことには熱中できるし、長続きする。一生懸命やるから、モノにもなる。私にしても、子どもの頃に大好きだった遊びが、今の仕事につながっているような気がします。

私が好きだったのは、生地を巻くときの芯になる「巻板」を使った遊び。お店には、生地がなくなった巻板がそこらじゅうにありました。それで、お店の構えをつくってお店ごっこをしたり、ちょっとした小屋をつくったり。「構造的」「建築的」と言われる私のデザインは、じつはこんな遊びが原点だったのではないかと思っています。

毎年、沖縄の宜野湾《ぎのわん》で行われる花火大会があります。そこで、大好きな花火のデザインを手がける機会がありました。

花火って豪快で華やかで、胸がときめくもの。それで、「オペラに合わせて花火を打ち上げたら、どれだけステキかしら」って言ってみたんです。そうしたら、「花火のデザインをしてください」と頼まれました。「えっ？　私が花火を？」ってビックリしたんだけど、「好きだからやるわ」って。慣れや先入観がないから、プロとはまた違った角度から発想できる。かえって個性的なものができあがったりするんです。そうしてデザインした花火は、「今までとまったく違う」と好評で、何十万人もの観客が涙を流して見ていました。
マルチになんでもうまくこなそうとしなくていい。ハッキリと自分が好きなものだけに的を絞って集中力を高めていけばいい。そうすれば、きっとあなたらしい仕事ができるようになりますよ。

from Koshino Junko

「何事も
いい加減にしてはいけない。
恥をかくのは私なのだ」

これは、「知ったかぶり」をしてはいけないという意味。

知らないのに「知ってる」とか、見たことないのに「見たことある」って言う人っていますよね。本人は嘘をつく気はないのかもしれないけれど、まわりからしてみれば、本当に知っているか知らないかは、なんとなく雰囲気でわかるもの。1回しか会ったことないのに「あの人と友達なの」なんて平気で言う人もちょっと人間性を疑っちゃうな。

「聞くは一時の恥、聞かぬは一生の恥」っていうことわざをお母ちゃんはよく言ってました。知らないのに「知ってる」って言っちゃったばかりに、今さら聞けない。聞かないでいると一生、尾を引きます。

あと、「知っている」とは言わないけれど、ウンウン頷く子も結構いますよね。

こっちが喋っているときに頷いていているから、「知ってるの?」と聞くと、「いいえ、知りません」。相手にしてみれば、「知ってるのかな」と誤解するわよね。

ちょっとくらい恥をかいても、素直に「教えて」って言えるほうがかわいい。聞かれたほうも、「きちんと教えよう」という気にもなります。

そういえば、お母ちゃんにはこんなエピソードがありました。

外国旅行に一緒に行った帰りの空港で、おもむろにお母ちゃんが「ジュンちゃん、ハウマッチってなんやったかな?」

そう聞いてきたお母ちゃんの手には、お土産がぎょうさん。「どうやって買い物していたの?」と聞いたら、「これなんぼや? って言ったら、みんな紙に数字を書いてくれたわ」って(笑)。さんざん買い物をしておきながら、これには大爆笑でした。

「知らない」と言えることは、とても大切なこと。「知らない」をきっかけに、物事をもっと深く知ったり、勉強をはじめたりするチャンスになるから。

「馬鹿にされたらどうしよう」なんて思うと、「知らない」と言うのは、なかなか勇気がいること。けれど、お母ちゃんを見習って、知らないことは「知らない」って正直に言える人間でありたいと思っています。

from Koshino Junko

深く知るチャンスが出来る

「悪運とせめるな
それが君の運
良い役ばかりじゃ芝居は出来ぬ」

芝居では、主役もいれば脇役もいて、いい人の役もあれば悪い人の役もある。脇役がいるから主役が映える。悪い人の役があるから、いい人の役が引き立つ。みんなが主役だったり、良い役だったらお芝居はできない。

お酒の席で「自分はツイてない」と愚痴る人がよくいますけど、お母ちゃんはそういう人は嫌いだった。そんな愚痴の多い人に向けた言葉じゃないかな。

ひとつのステージを作りあげるという意味では、役者さんのほかに照明や音声、舞台装置など、裏方さんの存在も欠かせない。仕事でいえば、経理や総務なんかの人。会社の外には出ていかないけれど、その人たちがいないと、会社はスムーズにまわっていきません。

「おもてなし」という言葉があります。

「持て成す」に丁寧語の「お」をつけて「おもてなし」。モノ（製品やサービス）を持って成す、という意味です。ほかに「裏なし」、つまり表裏なく心から応対することを起源とする説もあります。

私は以前、『コシノジュンコ流おもてなし―いちいち、わざわざ』（ＰＨＰ研究所）という本を出版しています。そのときに、もしかしたら「表なし」という捉え方もあるんじゃないかと思いつきました。

「表がない」ということは、要するに「裏に徹する」ってこと。

お寿司屋さんは、朝4時に起きて長靴をはいて、築地に仕入れに行く。帰ってきたら魚をさばいて並べて、仕込みをして。それで開店時間になったら、ピシッとカウンターの前に立つ。お客さんが来るまではとことん裏方ですよね。準備を誰かに任せてお鮨を握るところだけやっても、おいしい握りなんてできない。仕事って、じつは99％が裏の努力で成り立っている。目立つことばかりやっていても説得力がない。徹底した裏の仕事があるから、表の仕事が輝くんです。だから、お母ちゃんの言葉に私なりの解釈を付け加えるとすると、良い役をやるにも裏の努力が欠かせないってこと。良い役をやりたかったら、愚痴なんて言ってないでまずは裏方に徹してみることね。

from Koshino Junko

おもてなしは「表無し」って書くから、裏方に徹するってこと

「苦労をいとわずやってこれた、
仕事とはそういうもの」

私が小さい頃、お母ちゃんが夜中3時まで仕事しているなんてことは日常茶飯事。でも、「疲れた」とか「大変だ」とか言っているのを聞いたり、不機嫌な顔を見たりすることってなかったですね。

好きでその仕事をしてるわけだから、「いっぱい仕事があっていいじゃない」というわけ。好きでやってるのに愚痴ばっかり言うなんて、お母ちゃんからしてみれば「もう仕事、辞めたら？」って感じでした。

仕事をしていたら、苦労するのは当たり前。苦労してへこたれる人もいるけれど、苦労を苦労と思わないことが大切なんじゃないかと私は思います。「若いときの苦労は買ってでもしろ」と言うように、駆け出しの頃に失敗したり、苦労した経験って、かえってバネになりますよね。

私も昔、パリコレで大失敗をしたことがあります。

私がパリコレデビューを飾ったのは1978年。初回、2回目と大成功のうちに終わって、どこか油断していたのでしょう。3回目のとき、シャネルと同じ日の同じ時間にショーの予定を組んでしまいました。その事実に気づいたときは、もう後の祭り。

泣く泣く、そのままショーをやりましたが、結果は散々。メディアも観客もみんなシャネルのほうに行って、私の会場はガラ空きでした。あの日の悔しい思いは、いまでも忘れられません。

以後、私はショーをやるときは、事前に綿密な調査をするようになりました。

「二度と同じ失敗は繰り返さない」と肝に銘じて。

私のように、一度失敗や苦労を経験すると、「同じような状況に陥らないためにはどうしたらいいか」と知恵を絞るようになります。それが、結果的に自分を鍛えてくれることになるのです。

仕事は自分を生き生きと輝かせてくれるもの。仕事がいっぱいあるなんて、これほどありがたいことはありません。感謝の気持ちを持って、毎日の仕事に向き合いたいものです。

from Koshino Junko
苦労も失敗も成功の鍵

「小さい店も大きい店も
お客さんは1人ひとりの対応。
それが出来へんといつか潰れる」

いつも「お客さんをひと目見れば、肩幅やバストのサイズもだいたいわかる」と言っていたお母ちゃん。お母ちゃんの洋服づくりは「即興」と「直観」で成り立っていました。

お客さんに生地を当てながら、「どんなん作りましょう?」「襟の形はこんなんでいかがでしょう?」「ウエストは少し絞ったほうがお似合いですよ」と、パパッとデザインを決めていく。デザインが決まったら、型紙なんて起こさず、スパッとその場で裁断。あとでチャッチャッチャッチャと縫ってまたたくまに一着完成。そうして出来上がったものが、いつもお客さんに「こんなの、ほしかったの」と言われる。1人ひとりの雰囲気や好み、ニーズをきちんとキャッチできていたからこそ、お客さんに信頼されていたんだと思います。

私も「すべては1人から始まる」と、いつも心しています。たった1人が10人につながり、100人につながり、しまいには大勢と家族みたいな関係になることだってあります。たった1人の背後には、無限の人のつながりがあるんです。

オートクチュールのコレクションはもともと、1人の顧客のためだけに開かれるファッションショーのことを指していました。

うちでも、できるだけ人数を少なくして、ショーを開くことがあります。人が多いと、「あんなの買ってるって思われたらやだな」「本当は2つほしいけれど、まわりの人が見ているから1つにしようかな」となります。

高級なものはできるだけ、人数は少ないほうがいいんです。人数が少ないと、ゆったりした気分で、思う存分買い物を楽しめる。1人ひとりをしっかりもてなしたほうが、お客さんも満足してまた足を運んでくれます。1人をちゃんと大切にすることは、めぐり巡って売る側の得にもなるんです。

私のこれまでの人生には、「この1人」という人が何人かいます。

知り合ったことによって、世界が一気に広がったというような人。

その人に会ったおかげで、そのお隣の人とも知り合えて、またその友人とも知り合えた。だからその人たちには、いつも感謝してます。もちろん、心のなかで勝手によ。もとのきっかけをつくってくれた人の存在をないがしろにするのってちょっと卑怯だと思うんです。私はルーツを絶対に忘れません。

ルーツを忘れずに、その人を中心に集まってくる仲間ってすてきですよ。「○○さん関係のお食事会」となっても、みんなその人を信頼して集まってくる人だから、初めて会った気がしない。そこでまたつながりが広がっていきます。
1人ひとりきちっと対応することで、仕事を超えて一生付き合える縁が生まれる。その1人を「ああ1人ぐらい」っていい加減に対応すると、結局損するのは自分なのよね。

from Koshino Junko

第2章

生き方

お母ちゃんの生き方、私の生き方

「人はそれぞれ自己流が
ええねん」

この言葉は、一生を通じてのお母ちゃんの持論でした。

お母ちゃんが洋裁を始めた昭和のはじめ頃は、モノがなかった時代。外国に行ったこともないから、洋服なんてちゃんと見たことがない。洋書もあんまり読むチャンスもない。しかも家は呉服屋なのに、ハタチそこそこの娘がミシンで洋服を縫って商売するなんて、考えてみれば無謀もいいとこ。ただなんとなく「新しいな」と感じて、見よう見真似で洋服作りを覚えて、洋裁店をはじめた。

だから、お母ちゃんは正真正銘、自己流の人。

着物の上に羽織るコートってありますよね。昔は、銘仙とかシルクに綿を入れて、冬場のコートを作っていました。ねんねこ半纏《ばんてん》みたいな、ぼてっとしたのを。

でも、お母ちゃんは、ウールの服地でコートを作ってみせた。こっちのほうが綿入れよりも、断然薄くてスマート。洋服感覚で和服を着こなせる。当時まだ、ウールの和服コートなんてどこも作っていなかったから、飛ぶように売れたと聞いています。

「自己流」というと、何も勉強もしないで、自分勝手になんでもやるという、素人っぽいイメージがあるかもしれません。でもそうじゃない。プロのやり方、基本を学ぶためには、学校に通ったり、誰かに教わったりする必要はあるでしょう。ただし、学べるのはあくまで基本的なことや技術的なこと。そこから何を発想するかは自分自身です。だから「自己流」というのは、独自の発想ができるということだと思います。

日本人は、自分というものを忘れて、自分の外にあるものに憧れがちです。でも、パリで流行っているものを、わざわざ日本で作ってパリに持っていったところでおもしろくもなんともありません。

パリにはなくて、日本にあるものがある。さらに言えば、日本のなかでも、東京になくて大阪にあるものがある。東北にあって九州にないものがある。その違いを自分の特徴とすることが、オリジナルな発想につながるのです。

お母ちゃんだって、家が呉服屋で岸和田にいたから、いち早く洋裁店を流行らせることができたのかもしれない。もし、東京のど真ん中にいたら、洋裁店をやろうとしていなかったかもしれない。

「自分には個性がない」と言う人がいるけれど、そんなわけありません。いままで、ここで生きてきた。それこそがその人の個性です。

それを磨けば個性になる。ほったらかしで、気が付かなければ個性にはならない。

人はみんな、生まれ育ちもぜんぶ違う。私のように三姉妹であっても、それぞれ生まれた時期も状況も違う。同じ年齢で同じ学校に通っていても、両親の職業も家族構成も、小さい頃に経験したこと、習ったこと、すべて違います。その違いを表現していくと、個性になります。

これまでの人生で出会ったもの、感じたものは、その人自身にしかないもの。それが積もり積もってオリジナルが生まれ、誰にもできないことができる。そして、それこそが世界に通用するものなのです。

from Koshino Junko

自己流はたったひとつ、自分にしかないもの

「よきジョークは人生の潤い」

私流にお母ちゃんの言葉を解釈するならば、ジョークとは遊びのこと。遊び心があるから、人生が豊かになるということです。

おしゃれも遊びの精神で、一緒にいる人を楽しませようとするからできること。遊びの精神って、相手を思いやることでもあって。何かの席で、ちょっとしたジョークを言うと場が和みますよね。遊びの精神を持つということは、心に余裕を持つこと。ひと言のジョークで人をホッとさせることができる余裕、それで人生が潤っていくんですね。

ファッション、音楽、旅行、観光、レジャー産業も、すべては遊びの精神から生まれたもの。

「さあ食事をしましょう」と言っても、プラスチックの容器にぐちゃぐちゃとご飯が盛りつけられていたら、ただお腹がいっぱいになるだけ。彩りを考えたり、器を凝ったりすることで、食事がおいしくなります。

笑ったり、おもしろがったりすると、脳が活性化されて、新しいものやアイデアがどんどん生まれてきます。新しく生まれたものを、今度はまわりがおもしろがって人に伝えたり、足を運んだりする。遊びの精神があるからこそ、経済がまわっていく。

遊び心がある人は、一生仕事ができると私は思います。

お母ちゃんが90歳を過ぎてもなお仕事ができたのは、いろんな人に出会えて、楽しくてしかたがなかったから。仕事をきっかけにいろんな人と出会って、一緒に遊ぶようになる。遊んでいるからまた人に出会って、それが仕事につながっていく。仕事と遊びがぐるぐる循環していて、いつも全国各地を飛び回っていました。

そんなお母ちゃんは、晩年よくこう言っていました。

「私、忙しゅうて死ぬ暇あらへん」

我が母のことながら、アッパレ。そのお母ちゃんが死ぬんだから、「いよいよ暇ができたん？」って聞いてみたいところです。

from Koshino Junko
遊びが仕事になるんやな

「時間はすべての人に
平等やけど、違うのは密度だけ」

サッカーには、規定の試合時間を過ぎたあとに「ロスタイム」があります。ロスタイムって、だいたい3分くらい。応援しているチームが勝っているときは、「まだ3分もあるの！」と思うもの。「その間に点を入れられたら」と考えると、一刻も早く時間が過ぎてほしい。でも、なかなかホイッスルは鳴ってくれません。

逆に負けているときは、「あと3分しかない！」と焦ります。「なんとか1点、入れてちょうだい」と、食い入るように選手の姿を目で追っていると、あっという間に3分が経過して万事休す……。

同じ3分でも、長い3分と、短い3分がある。これって、考えてみればちょっとおかしいですよね。

「3分しかない」というのは、焦っている証拠。慌てていると、ヘマをやらかしやすい。でも「3分もある」と思うと、ゆっくりたっぷり辺りを見渡せる。「3分しかない」と「3分もある」との違いは、突き詰めれば余裕があるかないかだと思うの。

つい最近、名古屋に行ったとき、新幹線の発車10分前に駅に着いたんですね。そこで、「10分もあるから」と、ちょっとお茶買ったりして、ゆっくり歩いてホームに上がっていったら、まだ5分もありました。でも「ええっ、10分しかない」と思って、ワーッと慌てて上がっていったとするでしょ。そうしたら、早く着き過ぎてホームでじーっと何もせず、待つハメになっちゃう。

お母ちゃんが言う「時間の密度」って、物理的には同じでも、感じ方や活用の仕方で時間は伸び縮みするってこと。放っておいたらふっと経っちゃう3分を、10分くらいの値打ちにするにはどうしたらいいか。いつも時間の過ごし方を意識することが大事です。

1分1分、1日1日の値打ちは、自分がつけるもの。何気なく過ごす1日もたまにはあっていいと思うけれど、朝から3日分くらいの動きをやった、という密度の濃い時間もつくりたいですね。

from Koshino Junko
気の持ちようで、長い3分と短い3分がある

「何もないお休みは地獄や」

「休日、どないして暮らそうかって思うだけでも嫌や。そやから、いつも仕事を作っておくの」と公言していたお母ちゃん。ふつうなら「お休みをどうやって取ろう」とか「1日も長く休みたい」と思うものだけど、お母ちゃんは休みよりも仕事。仕事をしていると、人に会えて楽しいから、仕事が半分趣味みたいなところがあったんです。

お母ちゃんが特に嫌いだったのは、お正月やお盆なんかの連休。いつもつるんでいる仲間も、このときばかりは旅行に行ったり、家で家族と一緒に過ごしたりするから、声をかけづらい。だから、お正月もお盆も、「地獄や」って。

亡くなる2006年の最後のお正月、「お母ちゃん、東京来る?」と誘ったら、「行く行く!」と喜んで。年末の12月30日から年明け3日まで5日間、ばっちりウチにいました。せっかくお母ちゃんが来るならと、友だちも呼んだりして、おかげでとてもにぎやかなお正月になりました。

要するに、お母ちゃんは仕事や遊びの予定がない「何もしない1日」というのが大の苦手。1日1日を楽しく有意義に過ごしたいというのが毎日の目標だったから、誰とも会わずに1日過ごすというのは地獄と一緒なんですよ、お母ちゃんにとって。

でも、間違っても「お母ちゃん暇やから来ない？」なんて誘ってはダメ。「暇とちゃうよ」って、絶対に怒られる。

お母ちゃんを誘い出すときは、何かきっかけが必要なんです。「おいしい鳥をもろたから来へん？」とか、「歌舞伎のチケット取ったから来へん？」とか。魅力がないと即座に断られるけど、キラッと光る目的があれば「行く行く！」って、東京でもどこへでも駆けつける。

仕事ばっかりでは飽きてしまう。かといって、遊んでばっかりでも飽きてしまう。仕事と遊びを交互に立体的にこなすこと。生きた時間の積み重ねが充実した人生につながるってことを、お母ちゃんの一生から教わりました。

from Koshino Junko

仕事も遊びも、物事は考え方

「思い立ったら即実行！」

ある日突然、お母ちゃんがこう言い出しました。

「私も朝の連ドラのモデルになりたいわ」

NHKの朝の連続ドラマを見るのが、お母ちゃんの日課。当時、吉行淳之介さんのお母さんの物語「あぐり」をやっていました。そのドラマを見て、よっぽどお母ちゃん、羨ましかったんでしょう。それで、集金に来たNHKのお兄ちゃんに「あんた、私もこれ出られへんか」って。「そんなこと、アルバイトの子に言っても」ってみんなで笑ってたんですけど、ちゃんと夢が叶っちゃった。

「言ってもしようがない」ってふつうは思うのに、お母ちゃんは一生懸命言う。

「出られへんか、出られへんか」って。自分が本気で思ったら、相手が誰でもとりあえず言う。ダメでもともと。やってみなくちゃわからない、というのがお母ちゃんの持論でした。

人間、本気で思って行動すれば、なんだってできる――そのことを私も最近実感しました。今年4月に開催したチャリティーコンサートのことです。

今年（2011年）の3月に東日本大震災が起きて、すぐ「何かしなきゃ」と思いました。テレビをつけたら、東北は大変なことになっている。なのに、自分が東京で余震を怖がったり落ち込んだりしている場合じゃない。まずは「義援金を集めましょう」って。

私は「神楽坂女声合唱団」という合唱団の団長をやっているから、その合唱団でコンサートを開くことはできる。でも、私の合唱団だけではちょっと規模が小さい。そこで、震災の3日後に「六本木男声合唱団」を率いている作曲家の三枝成彰さんに「一緒にやりましょう」って声をかけたんです。そうしたら、「やろうやろう」と即ＯＫ。さらに、その話を聞いた人たちが「僕らも参加しよう」とダーッと一気に賛同者が集まってきて。最終的にはジャンルを超えた合唱団4団体、オーケストラ2団体が参加、歌手や文化人ら559人が出演することになり4月20日にサントリーホールで公演をすることができました。

入場料代わりに「1人1万円以上持って集合」と呼びかけ、出演する人もみんな1万円以上を持参。さらにチャリティーバザーも開催して、ぜんぶで3500万円近い募金を集めました。

どうしたら、人の役に立てるか。まずは本気で考えること。次に、思っていることを口に出し、行動に移すこと。

そうすれば、必ず共鳴してくれる人が現れます。賛同者が1人増え、2人増え……。やがて、1人の力ではできない大きなことを実現できるのです。

本気で願えば世界は変わる

from Koshino Junko

「次のページが出てるのに、
前のページをめくり返す
必要なんてあらへん」

私が3歳頃のこと。突然お母ちゃんが「ジュンコ、海に行こか」と言い出しました。

連れて行かれたのは岸和田の海。私はお母ちゃんと海に行くのが嬉しくてウキウキしていましたが、なんだかお母ちゃんの様子がおかしい。だんだん暗くなってくる。私は「お母ちゃん、はよ帰ろ」と、握っていたお母ちゃんの手を引っぱりました。すると、お母ちゃんはハッと我に返りました。

次の瞬間、お母ちゃんは砂浜に大きな穴を掘り始めました。そして、掘った穴に向かって「アホー！　バカヤロー！」と大きな声で叫んだのです。

振り返ってみれば、お母ちゃんはあのとき死のうとしていたのかもしれない、と思います。耐えられないほど、つらいことがあったんでしょう。あんなふうに思いつめた顔をみたのは、後にも先にもあの一度きりです。

いつも明るいお母ちゃんにだって、いや、それだからこそ人には言えない苦労や悩みがあったはずです。でもお母ちゃんは、落ち込んだ姿を決して人には見せようとしなかった。

いやなことがあってもくよくよせず、前を向く。だんじりが勢いで急カーブを曲がっていくように、「えいや」と無理やりにでも気持ちを切り替える。お母ちゃんには、そんな強さがありました。

過ぎたことは済んだこと。済んだことは振り返ってもしかたがない。過去は変えられないけれど、未来は変えられる——お母ちゃんのこの言葉には、そんな意味が込められていると思う。

今日あったいやなことだって、明日になれば過去のこと。

前のページをめくり返してうじうじするより、新しいページに何を書き込もうかを考えるほうがよっぽど楽しい人生だと思いませんか？

from Koshino Junko
今日の負けは明日の勝ち

「生涯青春！」

お母ちゃんは70歳になる頃、相次いで病気や怪我に見舞われました。

体調を心配した私と姉は「そろそろゆっくりしたら」みたいなことを言ってみたんですが、そのときお母ちゃんはこう激怒しました。「私に『死ね』っていうことか！」

娘たちから年寄り扱いされたのがよっぽど悔しかったんでしょう。その後、自分のブランドを創設すると宣言。なんと、74歳にして、「コシノアヤコ」ブランドを立ち上げたのです。

コンセプトは、「中高年向けのおしゃれな服」。

年をとると、体のあちこちに贅肉がついて、体型が変化する。おしゃれしたい気持ちに変わりはないけれど、巷《ちまた》にはすらっとした若い人向けの服しか売られていない。着ていてラクで体型がカバーでき、なおかつおしゃれに見える服を作ろうと考えたのです。

さすがお母ちゃんならではの発想だと感心したものの、発表会にかけつけた私が目にしたのは、私のデザインにそっくりの服……。ほかに「ヒロコ風」もありました。すぐさまお母ちゃんに「私らのデザインの真似やないの」と抗議したら、「あんたら生んだの私や、自分の娘の真似してどこが悪い！」と一蹴。ほんま、お母ちゃんにはかなわん！

その後も、着物のリフォームを目的とした「和だんすの会」を立ち上げたり、病院を舞台に元患者たちをモデルにファッションショーを開催したり。お母ちゃんの行動範囲は70歳を過ぎて、ますます広がっていきました。

「しんどい」とか「年やから」なんて一切口にしない。そんな晩年のお母ちゃんがよく使っていたのが、この「生涯青春！」という言葉。

お母ちゃんは70歳、80歳、90歳と、年を重ねるにつれ、どんどんきれいになっていきました。肌の色つやもぴっかぴかで。真偽のほどは定かではないけど、死ぬまで恋をしていたという噂もあるくらい。

93歳近くで息を引き取るまで、文字どおり青春やったなあと感服です。

from Koshino Junko
毎日毎日が青春や！

「ファッションは
目立ってなんぼ！」

この前、エジプトナショナルデーのパーティーに招かれて、エジプト大使館に行ってきました。せっかく行くならエジプトっぽい格好にしようと思って、襟元にびっしり金のメダルが縫いつけられている服を着て行ったんです、スフィンクスを彷彿とさせるような。

そうしたら着いた途端、みんな喜んで。「わーっ！」って、もう表情が違うの。最近のエジプトは情勢が不安定でしょ。大使館の人たちもちょっと元気がないのね。でも、私のファッションを見て、みんなパァーッと明るくなった。そのとき「あぁ、洋服の役目ってこういうものだ」って、しみじみ思いました。

おしゃれって、自分が楽しくなったり、心地よくなったりするためだけにあるんじゃない。まわりを明るくする。着こなし次第ではまわりの人を楽しませたり、励ましたりするメッセージにもなる。つまり、人の役に立つということなんです。

よく「人に見られると恥ずかしいから、あんまり目立たないようにする」という人がいますよね。でも、パーティーに行って、地味で平凡な格好をしていると、「悪目立ち」っていうのかしら、かえって浮いちゃう。華やかな場所では、ある程度のおしゃれをすると、いちばん浮かないんです。ものすごくおしゃれしていると、注目を浴びるし、人も集まってくる。自分も楽しみ、まわりも楽しませることがおしゃれの醍醐味《だいごみ》なんです。

一時期、女子高生の間で「ガングロ」が流行りましたよね。髪を金髪にして、肌の色を黒くするスタイル。あれがカッコいいかどうかは別として、がんばっておしゃれしようという気持ちは買いたい。当時、顔をしかめる大人もいましたけど、あんなに目立ってたら悪いことなんてできないですよ。

以前、「昔ガングロだったの」っていう40歳近くの人に会ったことがあるけれど、おしゃれでした。一度、極端なファッションを経験すると、さじ加減がわかるのね。がんばっておしゃれした経験がない人は、それがわからない。

お母ちゃんは「尻込みはおしゃれの最大の敵」って言ってたけど、ほんとそう。目立つくらいがんばってこそ、ファッションセンスは磨かれていくものよ。

from Koshino Junko

おしゃれは自分のメッセージ

「笑いをなくしてはあきません。
生きてやる！
というパワーが大事」

これはお母ちゃんが88歳、宝塚の病院を舞台にファッションショーを開いたときのこと。

観客は全員、500人あまりの患者たち。モデルは、元患者の10数名。最初は緊張していたモデルたちも次第に堂々とし、観客も大喜び。会場は大いに盛り上がりました。その最後に、お母ちゃんはみんなに向かってこう呼びかけたのです。

ショーを主宰したお母ちゃんもまた、病気の後遺症を抱えていました。

79歳になる年にヘルペス（ヘルペスウイルスによる帯状疱疹《たいじょうほうしん》）を発症。

ヘルペスは治療が早ければ後遺症が残らないのですが、お母ちゃんは運悪く発見が遅れ、わかったときにはすでに重症でした。

後遺症である後神経痛は、ひどいときは箸を持つのも痛いほど。大阪の人って、よく「元気？」なんて言いながら、気安くポーンと腕や肩を叩くんです。お母ちゃんにとってはそれが飛び上がるほど痛い。けれど、痛がる顔をまわりには極力見せないようにしていました。1年間、痛みを隠した笑顔の練習をしていたほど。それでみんなも気付かず、またポーンとやる。あれは、かわいそうでしたね。

けれど痛いものを「痛い」と言ったところで、痛みがおさまるわけじゃない。どうあがいても治らないなら、痛みと上手に付き合っていくしかありません。

お母ちゃん、ヘルペスのことを「一生のお友だち」って呼んでいました。「ヘルペス友だち」と言いながら、ヘルペス患者さんともどんどん仲良くなって。

いつも我慢強いお母ちゃんでしたが、ときには弱音を吐きたいときもあったと思います。だから、この言葉には、みんなを励ますと同時に、自分を奮い立たせる意味もあったんじゃないかな。
大変なときほど、プラスの強い言葉を使う。「負けてたまるか」というお母ちゃんの気概を感じるひと言です。

from Koshino Junko

「生き方は真似ても、
死に方は真似られぬ」

お母ちゃんはふだん決して「死」について話すことはありませんでした。でも、こうして日記の言葉を読む限り、「死」を意識していたんだなあと思います。

お母ちゃんは最期、誰もいないところで旅立っていきました。

2006年の2月に心不全で入院し、その1週間後に脳梗塞で危篤状態に。以来、交代で姉妹の誰かが付き添っていたんだけど、20日くらい経った頃、主治医の先生から「長引きそうだから、いったん帰られたら」と言われたんです。それで、「じゃあ1日だけ病院に任せて帰ろうか」と、みんなで病院を後にしました。

その日です、息を引きとったのは。

誰かに頼ることなんてなかったお母ちゃん。この世を去るときも、誰にも頼らず、ひとりで逝ってしまいました。まるで、姉妹の「誰が看取った」とか言わないよう、たったひとりのときを見計らったように。最期まで、お母ちゃんらしかった。

後日開いたお別れ会には、大勢の人が来てくれました。しかも、みんな帰らない。「お母ちゃんとどこに行った」とか「お母ちゃんにこんなお世話になった」とか、みんなでお母ちゃんの話をして、4時間も5時間もいるんです。すてきな会でした。

みんな、お母ちゃんがいなくなったことを惜しんでる。寂しがってる。でも「悲しい」や「かわいそう」というのとは違う。みんなの心のなかにお母ちゃんとの良い思い出が残っていて、笑いが絶えず、終始和やかな空気に満ちている。いろんな方から「こんな最期が理想だ」と言われました。

最後の最後までまわりをハッピーにして去っていく——なんて美しい死に方。できることなら、私もこんなふうに逝きたい。「死に方は真似できない」って書いているけど、お願いだから真似させてくれへんかな、お母ちゃん。

from Koshino Junko

「何事も、まずは
やってみることや。
やってもないのに、
あれこれ言うたらアカン。
食わず嫌いは損するで」

お母ちゃんは、「いくつになっても好奇心を持ち続けなあかんのや」とよく言ってました。

お母ちゃんの好奇心は、年をとって衰えるどころか、ますますパワーアップ。年をとるとふつうは出かけるのが億劫になるし、何に対しても感動が薄れていくもの。でも、お母ちゃんはあふれんばかりの好奇心と、ちょっとしたことにも感動する心を持ち続けていました。

うちで行きつけの鰻屋さんも、最初に見つけてきたのはお母ちゃん。東京にやって来たお母ちゃんが、「この近くに鰻屋さん、あるやろ。私、行ってきたわ。おいしかったわあ」と言うじゃありませんか。近くに住んでいる私を差し置いて、いつのまにかひとりで先に食べに行っていたんです。

最後にお母ちゃんが外で食べたのは、「シシ鍋」。京都の人から「京都に、全然臭くない、おいしいシシ鍋があるんやで。あんなおいしいの、食べたことある？」と言われ、お母ちゃんは「いやあ、食べたことない。絶対行くわ！」。その会話は2月中旬に東京で交わされたんですが、1ヶ月も経たないうちに、京都へ飛んで行っていました。

とにかくなんでも「見たい！」「行きたい！」「食べたい！」。やったことのないものは、とりあえず試してみたい。好きか嫌いかは、やってみてから判断すればいい。自分の幅を広げていくためには、これって大切なことですよね。

私は1996年、デザイナーとしては世界ではじめてキューバでショーを開催しています。

当時、キューバに関する情報といえば、アメリカから入ってくるものばかりで、あまりよいニュースはなかったんですね。まわりからも「なんでそんな怖いところに行くの？」と脅されながらキューバに旅立ったのですが、そこは予想に反してとてもすてきな国でした。

海は澄んでいて、素朴な街には1950年代の車が現役で走っている。音楽に満ち、国営ダンサーがいっぱいいる。人々は子どものように無邪気であたたかい。すぐにキューバが好きになりました。

知らないがゆえに勝手に自分でイメージをつくりあげ、敬遠したり、怖がったりしてしまうことってよくあること。でも、実際に足を運ぶと、自分なりの発見があるものです。たとえ、それががっかりするものだったとしても、経験したのとしないのとじゃ大違い。
ほんとにおいしいものをわかっている人というのは、おいしくないものも知っています。おいしくなかったという経験があるから、次はそれを選ばないようにする。だから、良くも悪くも、経験することってマイナスじゃないんですよね。

from Koshino Junko

やれば出来る、やらなかったら
なにも出来ない

第3章
——
家族・子育て

お母ちゃんと娘たち

「習ったことは
頭の中に叩き込めばええねん」

お母ちゃんの勉強好きは何も晩年に限ったものではありませんでした。洋裁店の切り盛りと家事、育児に追われていたときも、なんと学校に通っていたんです。私が生まれる以前のことです。

姉が1歳になった1938（昭和13）年。当時としては珍しい色彩学の講座に週に1回、お母ちゃんは通っていました。講師は、のちにNHKがカラーテレビ放送を始めるにあたって、協力を要請した色彩の専門家・谷本蘇牛先生。

受講した日は、家に帰るとすぐさま生地や服を取り出して配色をあれこれ考え、夢中になったんだとか。そのときのノートはすぐにどこかへいってしまったみたいですが、「ノートは火事にあえば焼けてしまうけれど、頭の中に入れたことは火事でも焼けない」というお母ちゃん。

自分が習うのが好きなら、娘に対しても習わせ好きって言うんでしょうか。小さい頃から私たち姉妹は、数々の習い事をさせられました。日本舞踊、お茶にお花、三味線、長唄、あとバレエにそろばん、お習字。社交ダンスも習ったし、ピアノも……もういっぱいあって、忘れちゃうくらい。もっとも、お母ちゃんにしてみれば、働いているときに子どもがちょろちょろしてたら足手まとい。店から追い出すために「習い事でもさせとこ」という魂胆もあったらしいですが。

そんなにいくつも習い事をしていたら、月謝が大変だろうと思うかもしれませんん。でも、そこはお母ちゃん。私がバレエを習いに行けば、発表会の衣装をぜんぶつくって、ちゃっかり商売をしていました。

親の意向で習っていたものがほとんどだったから、続くものもあれば、三日坊主のものもありました。でも一度習ったことって、不思議と忘れないんですよね。大人になってから、小さい頃に習ったことが役に立ったなあと思うことがたくさんあります。

日本舞踊やバレエ、社交ダンスを習っていたから、ミュージカルの衣装をデザインすることになっても、パッとイメージが湧く。お茶を習っていたから、お茶会の席に呼ばれても「作法がわからないからどうしよう」と物怖じすることもない。ちゃんと身に付いているわけではないんだけど、一度経験したことが今になって背中を押してくれるんです。

「経験がモノを言う」ってよく言いますよね。経験したことは自分の血になり身になって、世界中どこへ行こうがいつか必ず役に立つ。

「あんたらに一切迷惑かけないかわりに、一銭も残さへんからね」となんべんも言っていたお母ちゃん。

言葉どおり、お母ちゃんが残していったお金は、お葬式やなんやかんやでいろいろ使ったら、貯金はきれいサッパリ。でも、「経験」という大きな財産をちゃんと残してくれたんだなあと思います。

from Koshino Junko

経験はお金では買えへん

「親の背を見て子どもは育つ」

お母ちゃんから「こうしなさい」「ああしなさい」と指図されたり、「○○になりなさい」と強制された記憶は一切ありません。口うるさく言うこともないけれど、アドバイスもしない。何も言わないから、自分で考えて、自分で行動を起こすしかなかったですね。

ただ、お母ちゃんの背中がいつも無言のアドバイスでした。

一生懸命働いて稼いで、一生懸命遊ぶ。何事にも全力投球で、めいっぱい人生を楽しむ。そういう姿を幼い頃から見て育ってきたことが知らず知らずのうちに、生きていくうえでのものさしになっています。

私は高校生の頃、美術部に所属していて、将来は画家になりたいと思っていました。だから大学はどこか美術系の学校に行きたいと考えていたんです。

その頃すでに姉は岸和田高校を卒業して、東京の文化服装学院に進学していました。お母ちゃんとしても、長女が後を継いでくれるだろうと安心していたんでしょう。私に対しては「あんたは自分の好きなようにしたらええ」と言っていました。けれど、当時デザイン画の第一人者だった先生との出会いをきっかけに方向転換して、結局お母ちゃんと同じ道を歩むことになりました。

高校を卒業して姉と同じ文化服装学院に入学したんですが、入ってみてわかったのは、「なんでみんな、こんなことできないの?」ってこと。

私は小さい頃からずっと、お母ちゃんが洋服をつくるのを間近で見て育ってきた。だから、布の裁ち方もミシンの使い方も、ぜんぶ知ってるの。やったことはなくても、見てただけでいろんな知識が無意識のうちに頭に入っていたのよね。

だから、一度も見たことない人よりも飲み込みが早かったんです。

私はデザイナーだから、デザインして指示するのが役目。お母ちゃんのように実際に縫ったりはしません。でも、お縫い子さんたちが働いているのを見てきたから、現場のことがわかる。現場感覚があるから、具体的に指示が出せます。

お母ちゃんの背中が教えてくれたこと——それには、生きる姿勢という大きなことはもちろん、実益にバッチリ結びつくことまで含まれています。

from Koshino Junko
お母ちゃんほったらかし
やったやん、よう言うわ~

「自分の行く道は
自分で探しなさい」

お母ちゃんはいつも新しいことを考え、それを次々やってのけた人。アイデアマンならぬ、アイデアウーマンだったと思います。

お母ちゃんのいちばんのアイデアはなんといっても「アヤコ式立体裁断」。お客さんの体に布を当て、その場でハサミを入れピューッと裁っていく。もう速いのなんのって。

人に合わせて布地を裁断する「立体裁断」は、今でこそ当たり前の洋裁テクニックですが、当時は型紙を使うのが一般的でした。「立体裁断」が日本で普及したのは1960年代になってから。お母ちゃんはそれよりもずっと前、1932（昭和7）年、まだ19歳の頃にあみ出していました。

きっかけはイブニングドレスの注文を受けたこと。作り方も知らないし、型紙も手に入らない。ならば、「お客さんの体から型をとったらええ！」と思いついたのが最初だったそうです。

ほかにも、布地を買ってくれるお客さんに生地を無料で裁断してあげる「無料裁断」。お客さんの要望を聞いてその場で「スタイル画」をスケッチしておまけにつけてあげるサービス。おかげで、コシノ洋裁店は大変繁盛していました。

誰かの後についていくんじゃなくて、自分で考え、自分で道を切り開いていく。私もお母ちゃんに似て、誰もやったことがないことをやるのが大好き。

私がパリコレに初参加したのは1978年。日本人デザイナーでパリコレに参加する人がまだあまりいなかった頃です。以後、世界のいろんなところでショーをやりました。

1985年には、中国北京で当時最大のショーを開催。94年にベトナム、96年にキューバ、99年にポーランド、その後2009年にはミャンマーでも。

今となっては珍しくもなんともないけど、当時、共産圏でショーをやるのは本当に大変で。荷物がちゃんと届かないなんて日常茶飯事。初の北京では、電気がつかず暗闇のなかでリハーサルなんてハプニングもありました。

ニューヨークのメトロポリタン美術館で開いたショー（1990年）も、思い出深いもの。

それまで美術館でファッションショーなんてやったことがない。けれど、ニューヨークのよいところは、「過去にやったことがないからやろう」っていう精神。新しいことにチャレンジする人を応援してくれる場所なんですよ。

日本の場合は逆で、「前例がないからダメ」。

誰かが道を切り開いてそこから始まる歴史もあるのに、やったことがないことを認めない。それじゃ、いつまで経っても新しいムーブメントは起きない。日本はもっと、お母ちゃんとニューヨークに見習うべきですね。

from Koshino Junko

お母ちゃんの「誰もやらないなら自分が」という気持ちは受け継いだな

「私の子育ては、
放ったらかしにすることや」

妹のミチコは、中学、高校、短大とずっとテニスをやっていました。短大時代には、全日本学生選手権大会でチャンピオンになったほどの腕前。四畳半の部屋には、盾とかトロフィーとか足の踏み場もないくらい置いてありました。

ふつうのお母さんなら、熱心に応援しますよね。でも、お母ちゃんは、優勝して帰ってきた妹が「優勝したよ！」と報告しても、「あ、そう」。「おめでとう」のひと言もないの。近所の人が「ミチコちゃん、新聞に載ってましたね」と言われても、「ほんまに？　そうでっか」で終わり。ほんと、あっさりしてました。

でも、振り返ってみれば家族みんなが「我が道を行く」タイプだったかもしれない。晩ごはんのとき、妹が「ああでこうでこうで」って、今日あったことをいろいろ話すんです。でも誰1人、聞いていない（笑）。

不思議ですよね、そんなバラバラな姉妹が3人とも親と同じ道を選ぶなんて。それはきっと、お母ちゃんからなにも言われなかったからだと思います。自分で選んだ道だから、3人とも本気になった。私はお母ちゃんから強制されていたら、反発して別の道を選んでいたかもしれない。

子どもを突き放して少し距離を置くことで、親はその子の特徴がよく見えるようになる。子どもは子どもで、自分の頭で考えるようになる。

仕事が忙しかったという面もあると思うけれど、「放ったらかし」は、お母ちゃん流の子育ての作戦だったんじゃないかという気がします。それで、まんまと3人ともファッションデザイナーになったわけです。

……ってことは、もしかして、お母ちゃんの作戦勝ち!?

from Koshino Junko

自分の道は誰のせいにも出来ない、自分で生きる道

「親としては、どの指を切っても
痛いねん」

これは、お母ちゃんがしょっちゅう言ってた言葉です。

我が家は、戦火が激しくなってきた頃から終戦の混乱期まで、一家バラバラに住んでいました。姉と妹はおばあちゃんと一緒に疎開先へ。私はお母ちゃんと一緒にコシノ洋装店に残っていました。

いまから考えると、お母ちゃんとしてはいちばん合理的な方法をとったんだとわかります。

育ち盛りの3人まとめてどこかにやったら、まず喧嘩が絶えない。真ん中の子をどけたら、上の子と下の子は年が離れているから、それほど喧嘩しないだろう。どちらかといえば上はおばあちゃん子、真ん中はお母ちゃん子だから、上と下をおばあちゃんと一緒に住まわせ、真ん中は自分が面倒みる。混乱した世の中にあって、いちばん無理のない方法を選択したのです。

でも、小さい子どもにはそこまで考えが及びません。しかも育ち盛りの女の子が3人もいれば、「お姉ちゃんばっかり」とか「なんで私だけ？」などと、勝手にひがんだりするもの。私には3人の孫がいてそのうち2人が女の子ですが、女の子同士というのは、なにからなにまで同じように接しないとすぐ喧嘩になるんですよね。

そんな不満を姉妹の誰かが口にしたとき、お母ちゃんは決まって「親としては、どの指を切っても痛いねん」と諭しました。

このたとえを私が最初に聞いたとき、幼心にすごく納得した覚えがあります。

確かにどの指を切っても痛い。親指に小指、大きさや役割は違うけれど、どの指が傷ついても困る。同じように子どもだってそれぞれ個性があって、母親にとってはどの子もみんな平等にかわいい。

「親からみれば、みんな大切よ」ってことを、子どもにも感覚的にわからせてくれる名言。

私たちが、東京、ロンドンとお母ちゃんから離れていても、いつも気にしていたということです。

from Koshino Junko
お母ちゃんのたとえ、
めっちゃ分かりやすいわ

「姉やから、妹やからといって、我慢したり従ったりすることはない。欲しかったら勝ち取ったらええやないの」

お母ちゃんは、徹底した実力主義の人。「年功序列」なんて考え方はこれっぽっちもなし。

そのルールは、兄弟姉妹の間柄であっても同じでした。「お姉ちゃんなんだから我慢しなさい」「妹なんだから黙ってなさい」なんて、年齢を理由になにかを言われたことがありません。

となると自然に、取り合いっこは激しさを増します。

おやつにしても、オモチャにしても、のほほんとしていたら、いつももらい損ねてしまう。自分の欲しいものはサッと取らないと手に入らない。この姉妹間の競争にずいぶん鍛えられました。

ただ、あるものすべて、全員が欲しがるとは限りません。

年の近い姉と私は、お母ちゃんお手製のお揃いの服。妹は姉2人のおさがりと決まっていました。でも、妹は、おさがりしか着れないことをさほど不満に思っている様子はありませんでした。

ご存知かもしれませんが、妹は30歳でロンドンへ単身渡って以来、ずっとロンドン在住です。

イギリスは、もともと蚤の市や古着市が多く、古いものを大切にする気風があるところ。しかも、ミチコが結婚した相手は古着屋を経営している人だったんです。

これってなにかの運命だと思いません？

子どものときからおさがりを着てきたから、古いものに対して抵抗がない。古くてもよいものであれば、それを上手に生かして役立てる。そんな感性が妹には知らないうちに育っていたんでしょう。

欲しいものを勝ち取るためには、まず自分がなにをほしいかをハッキリさせなきゃいけない。

お母ちゃんの「自分で勝ち取れ」ルールは、姉妹それぞれの個性を伸ばすことに、じつは一役買っていたのかもしれません。

from Koshino Junko
取るか取られるか、毎日が戦いやったな〜

「貧乏だから親が一生懸命働く、
その真剣さが伝わったら、
けっして変な子に育つはずが
あらへん」

お母ちゃんは「自分が稼いだお金は自分が使う」が基本。だから、子どもに分不相応の贅沢をさせるなんてことはなかったですね。

お小遣いがほしかったら、自分でどうにか知恵を絞らなきゃいけない。

参考書を買うときなんかは、お母ちゃんに請求書を「はいっ」と手渡し。「何々にいくらで、合計いくらです」という明細を書いて。

請求書を渡すようになったのは、小学校高学年くらいからかな。いつもお店にはお客さんがいたから、「お小遣いちょうだい」となかなか言い出せない。誰もいなくなった隙に言おうとすると、「あんたこれやって」ってなにか頼まれる。運よく言い出せても、お客さんが入ってくると「さっき、なに言うてたかな」って忘れる。だからついには請求書を渡しちゃった。

これならお母ちゃんも手間が省けるし、何にいくら使うかがひと目でわかるから、納得してお財布を開ける。子どもながら、よく考えたものです。

東京の学校に行ってからも、仕送りを多めにもらうことはありませんでした。いつもちょっと足りないくらい。だから、遊ぶお金は自分で稼いでいました。

私、コンテストマニアだったんです。それで賞金を稼いで。

当時、だいたい1万7千円あれば1ヶ月暮らせていた時代。そんな頃に優勝賞金10万円の装苑賞に応募して、1位になりました。あとは、出版社から依頼されて雑誌にスタイル画を描く仕事も受けていましたね。

そういえば、コーラの瓶もよく貯めていました。酒屋さんが10円くらいで引き取ってくれていたから、「いざとなったらそれを売ろう」って。

若いうちは貧乏が幸せ

from Koshino Junko

若い頃って、十二分なお金が邪魔になるもの。

暮らしていくための最低限のお金は必要。でも、ありすぎると何かをやろうという気が起こらない。なんでも簡単にさっさと手に入っちゃうから。

貧乏だと、節約の工夫をする。ほしいものがあれば一生懸命貯金する。どうやったら稼げるか考えるようになる。ものの価値を判断する目も養われますよね。

おかげさまで、ジュンコはたくましい人間に育ったんじゃないでしょうか。

「本当に子どもが
親を必要としているときに、
必要としている形で
愛情を注いでやればいい」

子どもが小学校にあがると、運動会や授業参観にPTAと、学校行事が一気に増えます。でもお母ちゃんが学校に来ることは滅多にありませんでした。

「なんて薄情な親なんだ」と思う人もいるかもしれません。でも、父もいないし、働かなきゃいけないから、まず行ってる暇がなかった。それに、1人行くとほかの2人は「私のときは来てくれないの?」となる。だから3人とも行かない。行くのは絶対に外しちゃいけないというときだけ。入学式や卒業式も誰かしら重なるから、入学式に行ったら卒業式には行かないとルールを決めてました。

だからといって、お母ちゃんの愛情を疑ったことは一度もありません。

その証拠に、私が20歳で青山に初めてブティックを開いた頃、わからないことがあって応援を頼むと、いつも「よっしゃ!　任せとき!」と岸和田から飛んで来てくれました。海外でコレクションをやるときには、大量の食材とともに飛行機に乗って現地まで駆けつけ、手料理をふるまってくれたこともたびたび。

そういえば小学校3年生の頃、こんな一件がありました。

学校にいると、「コシノジュンコさん、急いで家へ帰るようにと、お宅から電話がありました」と言われたんです。私は、なにかよくないことでも起きたんじゃないかって、慌てて家に向かいました。

家に着いたところ、特に変わった様子はない。そこへ、お母ちゃんがニコニコしながら出てきて、

「あんた、インディアンの映画行けへんか」

確かに、私は前々からインディアンの映画を観たいとせがんでいました。せや

かて、なにも呼び出さんでも……。

「必要なときに必要としている形で」には、やや疑問が残るけれど、お母ちゃんなりにめいっぱいの愛情を注いでくれたことは確かです。

でもいつも思いつきで勝手やなぁ、と思ってました。

from Koshino Junko

お母ちゃんの忙しい姿
見てたから、放っとかれても
寂しくなかった

「子どもも食べるが、
自分も食べる」

夫が戦死して、それからお母ちゃんは子ども3人を1人で育ててきました。でも、お母ちゃんは「子どものために我が身を削る」という犠牲的精神がちっとも似合わない母親でした。

戦後の貧しいとき、お母さんは子どもに食べさせて自分は食べないというのがふつうです。でもお母ちゃんは、自分が食べたいと思うものを子どもに食べさせ、自分も食べる。自分が我慢するくらいなら、その分稼いで、自分も子どももお腹いっぱい食べる。そういう人でした。

自分が食べておいしいと思ったら、子どもにも食べさせたいと思う。だから、飲んべえのお母ちゃんは、私たち姉妹が幼い頃から大人みたいな食べものを食べさせてくれました。

たとえば、3時のおやつが生きたシャコ。シャコなんて、お酒のおつまみです。それをおやつにむしゃむしゃ食べていた。だから、私はシャコを剥くのが上手ですよ。

ほかにもハモや、水なすびの浅漬け、生きたカニやエビ、豚の酒蒸しのお鍋なんかも。お母ちゃんは、生きたもの、新鮮なものをパパッと買ってきて、パパッと食べるのが好きでした。

そんなお母ちゃんの自慢料理は、なんといっても鯛《たい》茶漬け（静岡の茶飯）。うちでは茶飯って呼んでましたね。

あつあつのご飯のうえに鯛のお刺身を盛って、わさびをちょっとのっける。そこへ高級な玉露をかけ、バリバリの海苔、白髪葱《しらがねぎ》をそえて、パッとフタをする。

それで「はいあんたご飯よそって」「はい次」ってやっていくわけ。早くしないと冷めるから、モタモタしているとお母ちゃんに怒られます。「茶飯を作っている時、いっつもお母ちゃんに叱られたよね」と、いまでも時々妹と話をするほど。

フタをしてからは、しばし待ち時間。「まだ？」「まだまだ！」「もういい？」と3人とも大騒ぎ。やっとお母ちゃんのゴーサインが出て、フタを開けると、なかのお刺身がお茶であったたまって、白くドロッとリゾット状態になっている。これがもう、おいしいのなんの。この鯛茶漬けを小学3、4年生のうちから「おいしい、おいしい」と食べていましたから、小学生の頃から「一番おいしいものは何？」と聞かれたら「鯛の茶飯！」と答えていました。

お母ちゃんは、食べ物に関してはケチじゃなかった。おかずの量じゃなくて、おいしいものをしっかり食べさせてくれました。新鮮なものを新鮮なうちに食べる。いちばんの贅沢をお母ちゃんは教えてくれました。

from Koshino Junko

第4章

人付き合い

人との関わり方

「もらうより
与えるほうが得やで」

これは、お母ちゃんからのとても大切な遺言です。

お母ちゃんは最後、脳梗塞で倒れ、話ができない状態になっていました。そんなとき、事務所に送られてきた一冊の女性誌。そこには、お母ちゃんのインタビュー記事が掲載されていました。はちきれんばかりのお母ちゃんの笑顔。記事のタイトルは、「母から娘への遺言　～いま話したい大切なことがある～」。

心底、驚きました。倒れるほんのちょっと前に、自宅で取材を受けていたんです。その1ヶ月後には自分がしゃべれなくなるとは露知らず、堂々と元気に。

記事には、私たちの幼い頃のエピソードとともに、岸和田を離れない理由も書いてありました。それは、私たちが「故郷に帰りたいときに故郷がなかったら寂しい思いをするから」。いくら私たち3人が「一緒に住もう」と言っても、頑として首を振らなかったお母ちゃん。そんなふうに思って、1人岸和田でがんばっていたのかと思うと、目頭が熱くなりました。

そして、最後に「遺言」として書かれていたのが、

「もらうより与えるほうが得やで」

これは、聖書にある言葉なんです。「与うるは受くるより幸いなり」という御言葉を、お母ちゃん流にやさしく言い換えたもの。「人になにかをしてもらうより、してあげるほうがすてきなことだし、幸せなこと」という意味です。

かつて、お母ちゃんのサービス精神に感嘆し、「お母さんはギブ&テイクならぬ、ギブ&ギブですね」と言った人がいます。

見返りを期待せず、できる限り相手のためになることをする。そんなんだから、

借金を踏み倒されたり、いいように利用されたりすることもあったみたいですが、
でもお母ちゃんは、人になにかをしてあげるのを決してやめなかった。

お葬式では、全然知らない人なのに「お母ちゃんに世話になった」という人が続出でした。大勢の人に惜しまれて、お母ちゃんはこの世を去っていきました。

その光景を見たら、お母ちゃんはきっとこう言ったことでしょう。

「な、ジュンコ、得やったやろ」

from Koshino Junko
お母ちゃんのサービス精神、しかと受け継いだ！

「2回会うたら、もう私の連れや。
友達やねん」

大阪の人って、1回ちょろっと会っただけでも2回目には「あんた友達やろ？まけて」みたいなことを平気で言う。こっちは友達ちゃうねん！って思うけど、そんな気安いところが大阪人ならではの魅力というか、アクの強さというか……。それを考えるとこの言葉、お母ちゃんはやっぱり生粋の大阪のおばちゃんやったんやなあって。

私は、2回じゃなくて3回だと思うんです、友達と呼べるのは。

1回は、人の紹介を通じてだったり、偶然だったりして会う。自分の意図とは関係ないところでの出来事。

2回は、偶然もあるだろうし、約束することもあるだろうし、なんらかの意味があって会う。

3回目は、1回と2回の出会いが積み重なって、改めて「お会いしましょ」となる。そうなって初めて、心から話ができる。

1回しか会ったことがないのに、「私はあの人と友達なのよ」と言う人がたまにいますよね。会ったといっても名刺を交換しただけで、相手はすっかり自分のことを忘れていたりするのに。それはちょっと相手に対して失礼じゃないかな。

3回会えば、ただの友達。さらに4回、5回と重なれば、それはもう仲の良い友達ね。

お母ちゃんの場合、1回会っただけで、2回目には「わぁお母ちゃん」って相手が言ってくるんですよ。

相手に「この前、どこそこで会いました」って言われると、本人は忘れていても「ああ、そやなあ」って。改めて会ったことと、自分のことを覚えていてくれたことが嬉しいからか、もう友達気分。そんなんだから、たまに人に騙されて借金の肩代わりをすることもあって。お人好しの一面もありました。

私はお母ちゃんと違って「3回会えば友達」。

でも、お母ちゃんの誰に対してもオープンだったところは見習いたいですね。

from Koshino Junko

やっぱし親しい友達は
大切やな

「払わない奴ほど高い酒を飲む。
飲むなと言えばケチと言われる」

よく「お酒を飲むとその人がわかる」と言うけれど、「お金を払うときにもその人がわかる」って思うんです。

お会計のときいつもいなくなっちゃう人。みんなの気づかない間に支払いを済ませる人。割り勘する人。お金の払い方って、その人の一面を表わしますよね。

お母ちゃんはいつも人におごる派。一緒に飲んでくれる人がいるっていうのが嬉しかったせいもあるんでしょう。

場を楽しませてくれる人に対しては、お金を払わなくったって「もっと飲め」って大歓迎。でも、なかにはいつもおごってくれることをわかって、つけ込んでくる人もいる。お母ちゃんはそんな人も受け入れてました。でも、「ほどほどにしいや」ってぴしゃり。酔っ払っても結構人をよく見ていたんですよ。

お金は、「気持ちいいお金」と「心に残るお金」の2種類あると思うんです。使って満足感が得られるのが「気持ちいいお金」。「あのときケチらなきゃよかった」などと、あとから悔やむのが「心に残るお金」。

お母ちゃんは「気持ちいいお金」の使い方を知っている人でした。

私が、主宰している合唱団でチャリティーコンサートを開催したときのこと。講演終了後に、団員が募金箱を持って各テーブルを回ることになっていて、私はまずお母ちゃんのところへ。そうしたらお母ちゃん、1万円札をポーンッ。後から募金する人は、さすがに100円玉や500円玉を入れられなくなっちゃって、みんな1000円、5000円とお札を入れてくれる。ほかの募金箱はジャラジャラしていたけど、私のだけお札がいっぱいで。

あのとき絶対、お母ちゃんは確信犯だったと思うんです。最初に誰かが100円玉を入れたら、次の人も絶対に小銭を入れる。これって本当ですよ。だから、お母ちゃんはみんなに模範を示すために率先して1万円を入れたんです。
お金は持って死ねるわけじゃない。だったら人のために使ったほうがいい。そもそもお母ちゃんががんばって稼いでいたのには、人におごりたいという理由もあったんじゃないかな。

from Koshino Junko

お金も酒も持って死ねへんで〜

「夫婦喧嘩は一つの話し合い。
冷戦もあり、無事もある」

「夫婦喧嘩は犬も食わない」ってことわざがあります。

夫婦の間の喧嘩は、ほんのささいなことが原因だったり、一時的なものだったりするのがほとんど。すぐに仲直りするものだから、他人が仲裁したり心配したりしなくていい、という意味です。

私と夫とは仕事も一緒にしているので、必然的に一緒にいる時間も長くなります。一緒にいる時間が長ければ、それだけ喧嘩のタネも多い。でも、喧嘩したとしても、お互いに本気で相手のことを「嫌い」だと思って言い争っているわけじゃありません。喧嘩は、お互いに思っていることをはっきり言い合って、意見のすれ違いを調整する機会っていうのかしら。これは大切に思ったり尊重しているからこそ、出来ること。

ことわざどおり、夫婦喧嘩というのは他人からみれば喧嘩でも、当の本人たちにしてみれば「本気のコミュニケーション」ってことはよくあるもの。遠まわしに言ってるのか言っていないのかわからない状態は、かえって誤解を招きかねない。本音を言わないで我慢しているよりも、多少喧嘩腰でもお互い思っていることをぶつけたほうが、理解が深まる場合もあると思います。

小篠家では父親が早くに死んだから、私は夫婦喧嘩っていうのを見たことがなかった。お母ちゃんには、喧嘩する相手がいなかったんです。それもちょっと寂しいですよね。だから、こんなふうによその夫婦のことを冷静に見れたんじゃないでしょうか。

夫婦喧嘩も喧嘩相手がいるからこそ。夫婦喧嘩ができるってことは逆に平和ってこと。
もっとも言い過ぎは関係を壊しかねないので、なにごともほどほどに！

from Koshino Junko

「惚れる男がいたという点で、
私は幸福だったのかもしれない」

お母ちゃんは22歳のとき、紳士服職人だったお父ちゃんと結婚します。お父ちゃんは私が3歳のときに太平洋戦争に召集され戦病死してしまったので、私には父親の記憶がほとんどありません。

結婚する前年、お母ちゃんは呉服屋の店を継いで「コシノ洋装店」をオープン。お父ちゃんから請われ、親が決める形で一緒になったものの、仕事、仕事の毎日で、甘い新婚生活などではなかったようです。

お母ちゃんが本気で恋をしたのは、30歳を少し過ぎた頃のこと。

相手は船場で紳士服の生地屋をやっていた男性、通称「おっちゃん」です。おっちゃんとは仕事仲間として出会い、そのうちお互い惹かれるようになったんでしょう。たびたび家にもやってきて、私たち姉妹にも優しくしてくれました。

ただこの恋は道ならぬ恋、早い話が不倫だったんです。もちろん周囲は大反対。でも、お母ちゃんは悩みながらも自分の恋を貫きます。別れるまで20年以上、おっちゃんとは公私にわたる良きパートナーとして過ごしました。

この言葉は、お母ちゃんの覚え書きに残されていたもの。

人から後ろ指をさされてもいいと思うくらい、情熱的な恋をしたお母ちゃん。添い遂げられはしなかったものの、生涯をかけた恋に対する悔いはなかったのでしょう。そんな女の本音が垣間見れます。

「人を好きになる」ことは、自分の生きがいや励みになるもの。

おっちゃんと別れた後、お母ちゃんに特定の恋人はいませんでしたが（もしかしたら私が知らないだけなのかもしれませんが）、恋心はずっと持ち続けていたんじゃないかと思います。

90歳になった卒寿のお祝いのときにはお母ちゃん、「90人のボーイフレンド」を呼んだんですよ。

90歳だから、90人。「行きたいけどどうしても行けない」と言っていた方が直前になって駆けつけて、本当は91人だったんだけどね。

ビシッとタキシードでキメた91人を壇上に呼んで、お母ちゃんを囲んでパシャリと記念撮影。

じつはみんなが着ていたタキシードは、お母ちゃんのデザイン。

「私のボーイフレンドにしてあげるから、あんた、タキシードつくんなさい」って、ちゃっかり商売もしてるんです。高いタキシードをつくらされるにもかかわらず、ご指名から漏れた人はみんな、すごい悔しがって。なんて人気者なんだって思いました。

私も長生きして、90歳のときは90人の……、や、お母ちゃんを上回る９００人のボーイフレンドを呼んだるわ！

from Koshino Junko

生涯現役!

「年寄りやからいうて、
甘やかしたらアカン。
甘やかしたら、よけいに
老けるだけや」

お母ちゃん、こういうこと、目の前のお年寄りがいるところで平気で言うんです。同世代の友達が、荷物を持ってもらおうとしたりするでしょ。そういうときに、助けてあげようと手を差し伸べている人に向かって言うんです。

これには他人を諫《いさ》めながら、自分に言い聞かせる面もあったと思います。まわりに頼っていたら、どんどん甘えるようになる。自分でできることなのに他人にしてもらっていたら、だんだん本当のおばあさんになっていく。「人は気持ちから老け込むんだ」というのが持論でした。

だから、お母ちゃんは年寄り扱いされるのが大嫌い。

「お元気ですか?」と聞かれたら、「元気に決まってるわ」。

「大丈夫ですか?」と労わられたら、「年寄り扱いせんといて」。

年齢は立派な年寄りなのに、自分だけは別だと思っているんですよ。

でも、お母ちゃんを見ていると、「誰かを頼るよりも、頼られているほうが老けない」っていうのは真実だと思う。

子どもが親に少々心配をかけていたほうが、親は元気だったりするじゃないですか。「私の目の黒いうちにあんたの結婚を見なきゃ」とか、「孫ができるまでは」とか。頼りにされたり、迷惑をかけられたりという関係でいるほうが、かえって励みになるんだと思います。

お母ちゃんは、みんなから「お母ちゃん」と呼ばれ続けていたことが、最後まで老けなかった最大の理由だったと思っています。

お母ちゃんのことをおばあちゃんと呼んでいたのは、孫たちだけ。

大切な孫に「おばあちゃん」って呼ばれると、嬉しそうに「何か買うたろか?」ってもうデレデレ。でも、人から言われたら「あんたのおばあちゃんとちゃう」って。

近所の人も、友達も、私の友達だって、みんな「お母ちゃん」。

お母ちゃんと呼ばれると頼られているみたいじゃない? それがお母ちゃんの人生をすごく元気にしたんだと思います。

from Koshino Junko
お母ちゃんは生涯、
お母ちゃん!

「男、男、と男がいばるなら、
私は女にしかできんことを
やってやる。
それで男を見返してやる」

お母ちゃんは、ほんと勝気な人でした。この言葉にも、「男に負けまい」という気持ちが丸見え。でも、それには時代の背景や、4人姉妹の長女として女系家族で育ったことが影響していたと思います。

戦争で夫を亡くし、戦後の混乱期に私たち娘3人を抱えて、ひとりで洋裁店を切り盛りしていかなきゃいけなかった。経営者であり、家族のトップでもあり、男の人には頼れない。でも、世の中は「女は男より一歩下がるのが当たり前」。男女平等なんて感覚はこれっぽっちもない。いくら能力があっても、「女だから」というだけで評価されない。いばっている男が多くて、損をするのはいつも女——。

そんな悔しい思いを過去にいっぱい経験してきたんじゃないでしょうか。それでもめげずに「見返してやる」って思う根性は、娘ながらに「強いなあ」と思います。

ただ、私はお母ちゃんのように「男に負けたくない」と思ったことは一度もなくって。

私が通った学校は、ぜんぶ男女共学。岸和田名物「だんじり祭り」は本来「男の祭り」なんですが、運動会のかけっこでいつも一番だった私は、足の速さを武器に直談判。だんじり（山車）を曳《ひ》く先頭集団の仲間に入れてもらい、小学校から高校2年生までずっとだんじりを曳いていました。

そんなふうに「男」とか「女」とか気にせず、自分のやりたいことをやってきたから、仕事をしていても相手が「男か女か」なんて意識しません。みんな、人間だと思ってるから。だいたい、責任を持って仕事をするのに、男も女も関係ない。

自分が「女だ」ってことをまず意識していないから、子どもを授かったとき、親しい友人（私のまわりにはゲイの友人が多いんですが）に、「えっ、あなた女だったの？」って言われて。自分も「そうなの、女だったのよね」と答えるくらい。

ときどき男の人に「ご馳走して〜」と、上手におねだりする女の人っていますよね。でも、お母ちゃんの場合は、10人くらいいても「おごったるわあ」。「お金を払う」と「払ってもらう」では立場が全然違う。それをお母ちゃんはわかっていたから、必ず男の人にご馳走してた。まあ、男の人って言っても、自分より全員年下なんですけど。

私の場合は基本、割り勘が多いかな。私がお金を払って、相手が恐縮すると嫌だから。対等な関係でいるためには、割り勘がいちばんスッキリするんです。

つまるところ、お母ちゃんにしろ私にしろ、男の人に「おごって」なんておねだりするのは苦手。やっぱり親子で似ているのかもしれません。

from Koshino Junko

仕事は性別を気にしてたら
出来ない

「人との出会いは宝物」

お母ちゃんの晩年の日記を見ると、なんとまあ、日々、いろんなところへ行き、いろんな人に会ってること！ 80歳にして恐るべしパワーです。なかでもちらほら登場するのが、「Uの会」の文字。

「Uの会」は、お母ちゃんが勲六等冠章を受章した1986（昭和61）年に発足した、お母ちゃんを中心とした集まりです。

もとは「好奇心かたまりの会」という名前だったのが、後に「遊の会」となり、最終的に「Uの会」になりました。「U」の一文字には、遊、友、YOU、ユニオンなど、さまざまな意味が込められています。

「Uの会」の目的は、いろんなジャンルの人が横でつながり、勉強や遊びを一生懸命やりましょ、というもの。入会条件は、「精神的なお金持ち」の人。年齢や肩書きにこだわらないお母ちゃんらしい発想よね。

「Uの会」の発足会に集まったのは、なんと400人。後に全国11ヶ所に支部ができて、お母ちゃんは全国各地で開かれる「Uの会」に参加するため、日本中を飛び回ってました。

ほかに、「酔いどれの会」なんてのもあったわね。日本酒が大好きで飲んべえだったから、お酒の席が好き。だから、おいしいお酒を飲みながら、なんやかんや言いながら楽しむ会をやろう、と。みんなで集まる口実に、いろんな会をつくってました。

おしゃれして出かけて、おいしいもの食べて、そこでまた出会う。出会うと次が生まれるでしょ。そうやって輪がどんどん広がっていく。

お母ちゃんにとっては、近所の商店街のおっちゃんも、大企業の経営者も一緒。話して笑って、楽しく過ごせればそれでいい。財政界の大物からスポーツ選手まで、お母ちゃんは驚くほどの人脈を持ってたけど、それで商売してやろうとか、自分を偉く見せようとか、そういう下心がまったくなかった。だから、お母ちゃんのまわりに集まる人が絶えなかったんでしょうね。

出会いというのは、ほんとに生涯の財産。

今はテレビやネットを通じて、一方的に出会うことも多いけど、やっぱり出会いというのは、生身の人間と人間が向き合うこと。そして出会った縁を育てていくには、楽しい時間を共有することがいちばん。お母ちゃん流の人付き合いからずいぶん学ばせてもらいました。

そうそう、今度「Uの会」が復活するんですよ。お母ちゃんのつくったご縁が、お母ちゃんがいなくなったあとも続いて、さらに広がっていく。ほんと、素敵なこと。

from Koshino Junko

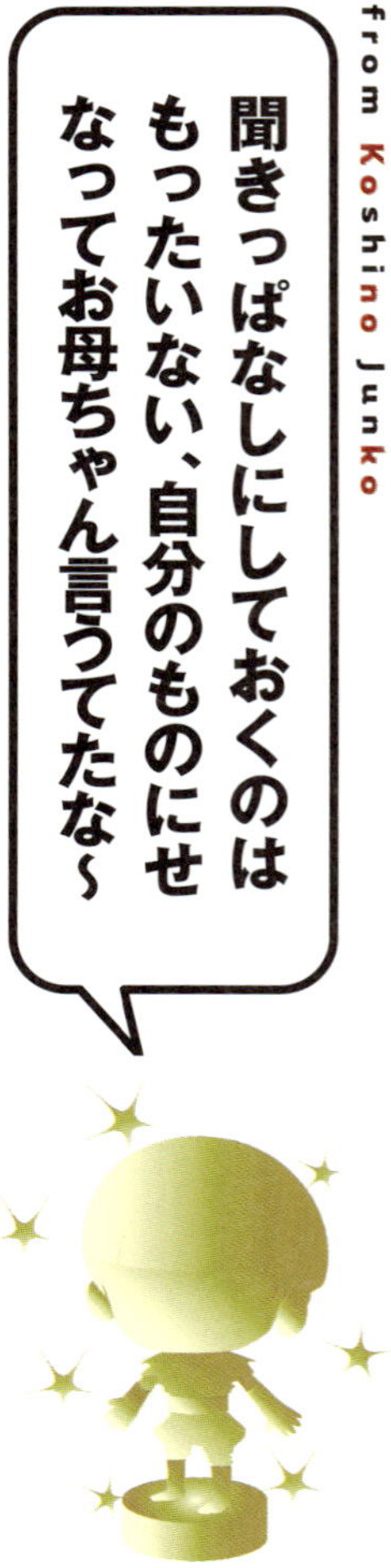
聞きっぱなしにしておくのは
もったいない、自分のものにせ
なってお母ちゃん言うてたな～

この親に　この子あり
この子が語る、ここだけの話

コシノジュンコ

PROFILE KONOKO
BRITH DATE 25TH AUGUST
BLOOD TYPE A
OTHERS : http://junkokoshino.com/

参考文献（順不同）

『綾子とあかい糸　コシノ三姉妹の母の生涯』さとうひさえ（文化出版局）
『アヤコのだんじり人生』小篠綾子（たる出版）
『糸とはさみと大阪と』小篠綾子（文園社）
『ＮＨＫ知るを楽しむ　私のこだわり人物伝』（ＮＨＫ出版）
『人生、これからや！』コシノジュンコ（ＰＨＰ研究所）
『Colléctiin』コシノジュンコ（ゴマブックス）

著者　**コシノジュンコ**（こしの・じゅんこ）

大阪府岸和田生まれ。文化服装学院デザイン科卒業。在学中（19歳）に、装苑賞を最年少で受賞。1966年、東京・青山にブティック『コレット』をオープン。1978年、パリコレクションに初参加。1985年には北京にて中国最大のショーを、1990年にはニューヨーク・メトロポリタン美術館でファッションショーを開催。舞台衣装のデザインや、スポーツユニフォームのデザインなど服飾デザインのみならず、家具や花火のデザイン等も手がけ、講演・ＴＶ出演等、幅広く活躍している。

言葉　**小篠綾子**（こしの・あやこ）

1913年（大正2年）大阪府加西市生まれ。3歳の頃岸和田に移住。和服の時代に呉服商の長女として生まれながらも洋裁の道を志し、独学で勉強。小篠洋裁店を開業する。ファッションデザイナーの草分けとして活躍する一方、コシノヒロコ、ジュンコ、ミチコの三姉妹を世界的なデザイナーに育てる。自身も現役デザイナーとして74歳でアヤコブランドを立ち上げるなど洋装用品業界の発展に尽力する。2006年（平成18年）死去。満92歳8ヶ月。

お母ちゃんからもろた

日本一の言葉

2011年11月25日　第1刷発行
2020年 3 月10日　第3刷発行

著者　コシノジュンコ
言葉　小篠綾子

イラスト　JUNKO KOSHINO INC.
装丁　名和田耕平デザイン事務所
編集協力　澁川祐子
DTP　松井和彌
協力　JUNKO KOSHINO INC.
株式会社コムスシフト
編集　一家千恵
発行人　北畠夏影
発行所　株式会社イースト・プレス
〒101-0051 東京都千代田区神田神保町2-4-7 久月神田ビル
TEL 03-5213-4700　FAX 03-5213-4701
http://www.eastpress.co.jp/
印刷・製本　中央精版印刷株式会社

ISBN978-4-7816-0707-8